JN409224

억새꽃

松波 高錫元 第 12 詩集

엠-애드

열두번째 시집을 내면서

올 3월에
11집《구불길》을 내고
6개월 만에
시집을 낸다는 게 무리지만,

묵은 물을 퍼낸다는
심정으로
언제나
그랬던 것처럼

이번에도
용기를 내서
열두번째 시집에
《억새꽃》이란 이름을 붙여,

60편의 새 시를 담아
나와 내 시를 사랑하는
독자님들에게
두려운 마음으로 바칩니다.

2010. 8. 28

저자 松波 高錫元

Contents
차례

1부 산국화 피는 가을이 오면

2부 억새꽃

3부 팔색조

4부 토옥동(土玉洞) 계곡

5부　사부곡(思父曲)

산국화 피는 가을이 오면

산국화 피는 가을이 오면

그 어느 해 가을이었던가
하얀 보름달이 낮처럼 환히
용화산을 비추던 날 밤
너와 나는 단둘이서 앞산을 올랐었지!

그 때 너의 단발머리
하얀 스카프가
가을바람에
가볍게 날리고 있었는데…

네가 산등성이를 오르내리며
나를 위해 산국화를 꺾던 앞산은
지금은 인적이 끊겨
억새만 가득하고 오를 수도 없지만,

지금도 나는
산국화 피는 가을이 오면
보름달처럼 맑고 동그란
너의 하얀 얼굴이 생각난단다!

선물

당신이 내게 선물로 주신
손으로 빚어 만든
알롱알롱 점박이
청자 빛 도자기 물 컵을 보면

섬섬옥수 싸주시던
당신의 예쁜 손길도
미소 지던 아름다운 모습도
너무 생생히 떠올라서

행여 어쩔세라
애지중지 내 곁에 놓아두고
그 물 컵 날마다 쓰고 있으니…
당신은 언제나 나와 함께 계십니다.

올여름 장안산에
삼박사일 피서를 가면서도
당신이 주신 물 컵부터
챙겨가지고 갔으니까요!

관심

나는 아직 그 사람의 이름조차
기억하지 못하는데…
그 사람은 오늘 내게
안색이 좋지 않다며 관심을 보여줬습니다.

그때 나는 당황하여
대답대신
어색한 표정으로
가벼운 미소만 지어보이고 말았지만…

그 후론 그 사람만 보면
내 맘이 편하고
정감이 가는 걸 보면
나도 그 사람에게 관심이 있나봅니다.

고백 2

내 노래가 좋아서
전화하고 싶었다고
당신은 그렇게 말씀하셨지요?

그런데 나는
노래가 좋다는
말씀보다는

전화하고 싶었다는
그 말씀이
듣기에 더 좋았으니…

아무래도 나는
당신을 너무
좋아하고 있나 봅니다.

볼우물

당신님이 보내준 사진 한 장!
나를 보며 웃고 있는 그 모습이
보기에 정말 너무 좋아
두고두고 오래 보고 싶어서

너무 깊은 곳에 넣어 두면
다시 보지 못할까봐
일기장 책갈피 속에
고이 넣어두고 보는데…

일기를 쓸 때마다
당신의 예쁜 볼우물이
내 곁에서 꼭 나를
지켜보고 있는 것만 같아 참 좋답니다.

이슬비

2009년 만추!
국제 시낭송 행사를 마치고
새만금 현장을 방문하던 날

철새구경도 시켜주고 싶어서
나는 옥산에서 헤어지지 않고
금강 하구뚝까지 따라갔었지요.

마침 텅 빈 금강 하구뚝엔
이슬비가 촉촉이 내려
운치를 더해주고 있었는데…

내 우산 안으로 뛰어든 사람!
상경을 서두르는 이 있어
아무 말 못하고 그냥 헤어졌지만…

나 지금도
그 사람이 좋은 건
정말 어쩔 수가 없습니다.

오늘에야 진정 알았어요.

내가 온다는 소식을 전해 듣고
나를 기다리고 있었다는 말!
처음엔 믿기지가 않았어요.
그냥 해 보는 말인 줄만 알았어요.

언제나 보면
우울하게만 보였던 그대가
오늘따라 방실방실
웃고 있는 걸 보고서야 진정 알았어요.

나는 여직껏
나만 혼자 그대를
좋아하는 줄만 알았는데…
그게 아니란 것도
오늘에야 알았어요.

정말이지 오늘
그대의 웃는 모습은
함박꽃보다도 더
아름답고 보기에 좋았어요.

요술방망이

내게 요술방망이
하나 있으면
참 좋겠다!

수진씨
날 사랑한다고
그렇게 말하는데…

그게
참말인지
알아보게…

우동골 그 사람

오늘 군산원협 공판장엘 갔다가
쌓아놓은 밤 호박을 보니
우동골 그 사람이 또 생각이 나는구나!

7월 장마 비오는 날
맛있는 밤 호박 쪄가지고
꼭 온다며 손가락 내밀던 사람!

8월이 지나도 오지 않으니,
나와의 약속을 벌써
잊었을 리도 없을 텐데…

아주 늦은 김에
호박넝쿨 다 거두어놓고
천천히 오시려고 그러시나?

한증막 아줌마

이웃마을 한증막 아줌마는
달덩이같이 예쁘게도 생겨가지고는
에스(S)라인 몸매에다
쫄바지에 쫄티까지 싹 발라입고,

하루 종일 카운터에서 식당으로
식당에서 홀(hall)로 사뿐사뿐
걸음걸이도 예쁘게
패션 쑈를 하고 다니는데…

내게는 눈길 한번 주지 않는데도
허벅지가 어찌나 이뿐지
나는 한증도 제대로 못하고
하루 종일 아줌마만 바라보다가 왔네!

당신 4

얼마나 더 울어야
내 마음 당신한테서
자유로워 질수가 있을까!

그런데 내게는
더 울 눈물마저
지금 남아있지 않습니다.

세월 가면
잊어진다고
다 그렇게들 말하지만…

나는 세월이
아무리 흐른다 해도
진정 당신만은 잊지 않겠습니다.

2부 억새꽃

억새꽃

청암신 옥산수원지 세방 따라
흐드러지게 피어있는 은빛 억새야!

너는 언제 봐도 가만있질 않고
파도처럼 출렁이며,

어디론가 멀리 떠나고만 싶어
몸부림을 치고 있는데,

그러면 그럴수록 네 모습은
더욱더 아름답게만 보이니…

이제부턴 널 부림꽃이라 불러주랴?
아니면 파도꽃이라고나 하랴?

2010년 서설(瑞雪)이여!

새해 길조의 서설인가!
싸락눈도 아닌 것이
함박눈은 더더욱 아닌 것이
하얀 하늘에서 하늘하늘 내려오네!

바람도 없이 저렇게 조용한데,
햇빛마저 눈이 부시는데,
내 생전 처음 보는 희한한 눈이
금강석 같이 하늘에서 반짝이고 있네!

천기(天氣)를 받아서 그러는가!
땅의 서기(瑞氣)를 받아서 그러는가!
대한민국의 하늘과 땅이
새해벽두부터 서기로 가득 찼구나!

오, 눈이여!
길조의 눈이여!
2010년 새해 서설(瑞雪)이여!

정(情)

건강에 좋지 않을 것만 같아
사탕은 입에 대지도 않는 나에게
당신은 초콜릿 하나를 주셨습니다.

마음에는 내키지 않았지만
차마 거절할 수가 없어서
어쩔 수 없이 힘들게 받아먹었는데…

하날 주면 정이 없다면서
이번에는 손수 까서 아주
하나를 더 내 입에 넣어주셨지요!

'정' 이란 말 한 마디가 듣기에 너무 좋아서
내 마음을 찡~하게 했으니…
당신의 초콜릿은 송이 꿀보다도 더 달고 좋았습니다.

시집을 주고 나서

내 시집을 갖고 싶어서
내 눈치만 살피던 당신이
내게는 너무 좋아만 보여서

주려던 사람 다 제쳐놓고
하나 남은 「구불길」을
나는 당신에게 드렸는데…

그때 당신은 어린아이처럼
내 시집을 품에 안고 좋아
몸부림을 치고 계셨지요!

당신의 순진한 그 모습이
진정 내게는 너무
흐뭇하고 좋아만 보였습니다.

웃고만 살아야겠어요.

내가 웃고 있으면
사람들이 나를 보고
20년 전 모습 같다고들 하는데…

화를 내고 있을 때
거울에 비춰진 내 얼굴을 보면
20년 후의 내 모습을 보는 듯합니다.

다른 사람들도 누구나 다
비슷하겠지만
나는 좀 심한 것 같으니…

난 정말 웃고만 살아야겠어요.
누구에게나 나의 아름다운 모습만
진정 보여주고 싶거든요.

문수사 다래나무

고창 문수사 들어가는 입구에
송림을 타고 올라앉아
승승장구 그 세를 뻗치고 있는
해묵은 다래나무 한 그루.

줄기 윗부분은 굵은데
한 자(尺) 남짓 되어 보이는 줄기밑동은
가지보다도 더 가늘어
기형(奇形)을 이루고 있다.

누군가가 분재 목으로
밑동만 잘라가고 버려두니,
남은 줄기에서 새 줄기와 뿌리를 내어
멀쩡하게 살아있으니…

아, 이 놀라운 생명력!
실은 나도 오늘 여기까지
다래나무를 캐러왔는데…
내가 정말 부끄럽기 짝이 없구나!

열대야(熱帶夜)

오늘같이 열대야로
잠 못 이루는 밤이면
나는 우리할머니 생각이 나는데…

내가 어렸을 적 자다가 깨어보면
그때마다 우리할머니는 내 곁에 누워서
내게 부채질을 하고 계셨으니…

우리할머니 말고
이 세상에 그런 사람
또 하나라도 있을까?

이런 저런 생각을 하다보면
나는 할머니에게 너무 면목이 없어
열대야 더위마저 달아난답니다.

손자를 보내놓고

늦둥이 손자를 보내놓고
집안 저녁분위기가
너무 고적하여

야채스프를 짜고 있는
아내에게 말을 걸었지만…
한참 후에야 뜬금없이

"대문 닫고 가랬더니
문을 탁 닫고 갔네."
"애기가 힘이 그렇게 좋아졌네."

머릿속에 오로지
손자뿐인 사람을 보고
내가 더 무슨 할 말이 있으랴!

머드팩

국제시낭송회원들과 함께 나는
옥산 맥섬석 한증막에 갔다가
권유도 있었지만 예뻐진단 말에
맘이 *쏠해서 머드팩을 받아보았네!

사람은 흙으로 만들었으니,
쇠해진 몸에 살아있는 흙을 바르면
당연히 쇠하고 지친 피부가
싱싱해 질 거란 생각이 들었는데…

아니나 다를까
머드팩 후 내 얼굴을 보고
정말이지 나는 너무 놀랐네!
10년은 더 젊어져 있었으니…

내 몸이 지금보다 더 젊어지고
계속 예뻐질 수만 있다면
얼굴만이 아니고 몸까지도
머드팩을 하며 살고 싶었네!

*쏨해서 : '은근히 하고 싶은 생각이 들어서' 란 말로
전라도에서 많이 쓰는 말이다.

어머니의 영산홍

어머니가 사다 심은 영산홍은
내 손 때 먹은 줄기가
꽃보다도 더 아름답습니다.

어머니 살아서 보셨으면
어머니는 감격하여
눈물을 흘리고도 남았을 텐데…

내 이 사연 어찌하면
우리 어머니께 전해드릴까?
아, 우리 어머니!

새만금에서

2009년 5월 26일 새만금을 방문하던 날.
33 키로의 세계 최장의 방조제와
1억 2천만 평의 미래의 땅을 바라보면서
나 한국인으로 태어난 게 너무 자랑스러웠네!

초속 7미터 물살을 막는
물막이 공사를 보러왔던 외국인들은
한국인들이 무모한 짓을 하고 있다며
무서워 도망을 했다는데…

한국인에게는 불가능이 없으니,
머지않아 한국인은 세계 최고가 되고
새만금은 한국의 미래를 바꿀
꿈의 땅이 될 거라 의심치 않았네!

땅

우리 집 옆 백 평 남짓 밭을 사서
컨테이너 박스 하나 갖다놓더니…
서너 평 닭장을 달아내어
토종닭을 키우면서 흐뭇해하는 사람!

밭머리엔 호박심어 산으로 올리고
고추 상추 도라지에 무 배추 심어놓고,
하루에도 두 번
출퇴근 때 들르는 것도 모자라서
휴일이면 아주 밭에 와서 사는 사람!

볼 때마다 싱글벙글
땅을 파며 흐뭇해서 한 번 웃고
달걀을 내오며 신기해서 두 번 웃고
호박을 만지다가 못생겨서 웃고
도라지꽃이 하도 예뻐서 웃고
고추를 만지다가 부인 모습 떠올라 웃고…

아, '내 땅'!

밭에만 오면 웃을 일이 생기니
그래서 날마다 밭에 와서 산단다.

3부 팔색조

낮달 3

오늘은 경칩 날
아직 바람 끝이 차기는 해도
오랜만에 날씨가 좋아서
들판 길 걷기운동을 나섰더니…

요즘 들어 한동안
보이지 않던 낮달이 오랜만에
구름 사이로 얼굴을 내밀고
나를 보고 방긋이 웃고 있네!

저 낮달
아무리 오래 있다 만나도
서먹하지도
화도 내지 않으니 좋아라!

그 사람은 볼 때마다
얼굴이 달라지고
말이 달라
정말 마음이 쓰이는데…

팔색조

우리 집 앞 전기 줄에 나그네 새
팔색조 한 마리 날아와

그 예쁜 배를 부리로
이리 비비고 저리 문지르고
꽁지를 위로 멋지게
바짝 추켜올려 뱅뱅 돌리다가
부챗살을 해보았다가
고개를 이리 갸웃 저리 짜웃
쫑하고 뒤로 사뿐히 돌았다가
다시 쫑하고 앞으로 돌아서고
왼쪽 날개를 펴 머리로 문지르고
오른쪽 날개를 이쁘게 쫙 펴서
부리로 콕콕 쪼아보다가
다시 뒤로 돌았다,
금방 또 앞으로 돌았다.
이리 보고 저리 보고 하다가
홱 날아가 버린다.

오, 이쁜이 팔색조야!
너는 그러잖아도 이쁜데…
너무 외모에 신경을 쓰지 말거라.
마음이 고와야 얼굴이 곱지!

피서지 대곡리에서

아직 매미도 잠들어 있는데…
이제 막 먼동이 트고 있는데…
장안산 눈파리는 벌써 일어났는가!

아무리 쫓아도 눈앞에서
잠시도 쉬지 않고 어른거리며
필사적으로 내 눈을 파고들지만…

세상은 더불어 사는 곳이니
고놈들 아무리 고통을 줘도
그건 못 본체 그냥 놓아두고,

그물 망 중태기*나 건지러 가자!
원시인들도 아마 이렇게
재밋게 살았을 거야!

*중태기: 장안산 청정계곡에서 서식하는 민물고기

고추잠자리 2

예쁘게도 생긴 고추잠자리 두 마리!
암 수 한 쌍인가!
말복 날 한낮에
운주계곡으로 살짝이 숨어들더니만…

들어오면서부터 한 놈은
나앉은 바위 옆에 앉아서
무어가 그리도 신경이 쓰이는지
그 예쁜 머리만 계속 갸웃거리고 있는데…

다른 놈은 정신없이
꼬리에 물만 먼저 두어 방울
톡 톡 적시고 나서
신바람이 나서 날아다니네!

겻 눈질 살 살
비키니 입은 사람만 골라서
기웃거리고 다니는 게 영락없이
우리 동네 딸구할아버지 같이 생겼네!

고정관념

양계장 폐계 열여덟 마리에다
장닭 두 마리를 사다가
체질을 바꾸려고 닭장에 가둬놓고
3일 만에 문을 열어주었지만…

닭들은 나올 생각도 하지 않는다.
강제로 열 마리를 내놓았는데…
한 마리가 닭장문턱을 디디고 서서
한참 망설이다가 한 발을 내려놓는다.

그 걸 보고 있던 다른 한 마리가
별 생각도 없이 밖으로 뛰어내려서,
나는 나머지도 다
뒤따라서 나오려니 생각했는데…

한 나절이 지나서 늦게 가보니
어이구, 저 웃기는 왕곰퉁이들!
여덟 마리는 끝내 나오질 않고
닭장 안에서 탈탈 굶고 있네!

고정관념 2

밖은 대명천진데 끝까지 나오질 않고
좁은 닭장에서 굶고 있는 닭들을
강제로 끌어내고 있는데…

지나가는 사람이 보고는
얼마나 멍청하면 저러냐고 웃어서
닭만 그런 줄 아느냐고 했더니…

말도 안 되는 소리라고 웃어댄다.
닭은 끄집어내놓으면 가만히 나 있지
사람은 제가 옳다고 다시 들어가는데?

이래서 아마 소크라테스도
아데네 청년들에게
'너 자신을 알라' 고 외치고 다녔을 거야!

갈등(葛藤)

분재 밭 잡초를 해결하려고
폐계 열여덟 마리를 사오면서
어린 수탉 두 마리도 함께 사다
울타리 안에 가둬 기르고 있는데…

암탉들은 바람이 꼬리만 스쳐도
수컷이 그리워 납죽납죽 엎드리지만
수탉은 덩치만 엄부렁히 커가지고는
암탉이 무서워 껑충껑충 도망만 다니고…

암탉들은 수컷이 얄미워서
이놈이 찍고 저놈이 찍고…
그럴수록 수탉은 암탉이 무섭기만 해서
하루 종일 껑충껑충 도망만 다니고…

무제(無題)

올여름 내 발등 상처로
한 달이나 밭을 불고했더니…

남들은 채소를 가느라 야단인데,
우리 밭은 호랑이 새끼 처 나가게 생겼네!

예전 같으면 걱정이 되어
나 안절부절 하고도 남았을 텐데…

그런데 왜 지금 내 맘은
이다지도 편하고 오히려 더 좋은가?

이번 일을 계기로 김장증후군에서
벗어날 수 있는 핑계가 생겨서 그러는가?

사과나무 옆에서

사과나무 다섯 그루를 심어놓고
애써 가꿔놓았더니…
3년 만에 첫 열매가 열렸네!

처음 심어본 과일나무라서
나는 큰 기대를 가지고
사과가 익기만을 기다리고 있는데…

8월이 되면서 눈만 뜨면
까치들이 떼로 몰려와서
먼저 익은 놈만 골라서 찍어놓고,

크고 이쁜 놈은 아들이 오면 따먹고…
정작 나는 익기만 기다리다가
봉퉁아리만 차지하는 건 아닌지!

대추나무

장에서 대추나무 복조(福棗)
한 그루를 사다 심은 것이
어찌나 번식력이 강한지
단 몇 년 동안에 정원 한쪽이
대추나무 순으로 가득 찼네.

아무리 새 순을 잘라주고
검정비닐로 덮어주어도
그러면 그럴수록 더 뻗어만 나가니,

이걸 그냥 두었다간
정원을 다 망칠 것만 같아
아깝지만 베어버리고
새 순이 나오는 대로 뜯어주었네.

네 자리나 잘 지길 일이지
왜 남의 땅까지 넘보고 다니다가
네 설 자리마저 빼앗기고 끝장을 보았느냐.
이 불쌍한 대추나무야!

고궁(古宮) 뜨락에서

전주 경기전 고궁 뜨락에 누어
그 똥그란 눈 지그시
실눈을 하고 잠에 취해
한가로이 뒹구는 얼룩고양이야!

너도 도심에 묻혀 살면서
별별스런 일 다 겪고 살았을 텐데
지금 너는 그런 기색 하나도 없이
마냥 평화롭기만 하구나!

네가 지금 평안한 것은
너는 조금 전 일까지도
다 잊어버리고
생각이 나지 않아서 그러는데…

그런데 우리 인간은 말이다.
다 지나가버린 일을 가지고
왜들 그렇게도 힘들어 하는지…
아, 정말 네가 부럽구나!

과일가게 여주인

토마토 5키로에 8천 5백원을 주고
40대 여주인이 달아주는 대로
전번처럼 그냥 가져오려다가
한번 저울 계량기를 보았더니…

너무 모자라서 더 채우라고 하니
주인여자는 쪽막둥이 같이 생겨가지고
두런두런 볼 품 사납게 문열이 하나를
팽개치듯 넣어주며 다신 오지 말란다.

나 스스로 상처를 덜 받으려고
못들은 척 그냥 오려고도 했지만,
너무 자존심이 허락지 않아
다시 달아보니 2백 그램이나 모자란다.

내 맘 혼자 삭이며 집에 와보니
한 주 전에 꺾꽂이한 토마토 순 말고도
곧 따먹을 토마토가 밭에 그득하다.
그래, 내 무공해 토마토만을 먹어야지!

토옥동(土玉洞) 계곡

토옥동(土玉洞) 계곡

남덕유산 감돌아 뻗은
토옥동 계곡!
물이 옥수(玉水)라서
토옥(土玉)이라 했나?

물소리 요란하니
반질반질 평원 석 바위마다
남도 명창들 얼마나 와서
피를 토했는가!

처서가 낼 모랜데
아직도 냉 열풍 얼싸안고
반석 위에서 뒹구니…
가는 여름 아쉬운가!

토옥동 여름수양회에서

군산남성교회 원로장로님!
옷 입은 채 점잖이
살살 계곡에 들어가시더니
금방 물 쪽제비가 되셨네!

장로님 같은 분도 쌓인 게 있으시나요?
물 질질 흐르는 몸을 해가지고서
쪽 빼입고 그늘에 앉아있는 사람들만
골라서 얼싸안고 몸을 마구 비벼대시니…

교인들이 다 웃고 좋아했습니다.
그런데 당신이 이뻐하는 고 집사님은
당신 몰래 뒤에다 대고
큰 돌을 던져 물장구를 쳤습니다.

애기를 보면서

우리 남성교회 당회장목사님!
수양회에 오시니 인천 사는
아들며느리 손자까지 따라왔네!

다섯 달 박이 주한이를 보고
권사님들이 꿀벌 엉기듯 하지만,
주한이는 할아버지 목사님이 이뻐하는
정권사님만 바라보다가 품에 안기네!

옆 권사님이 샘이 나서 뺏어가니
눈 동으로 두르고 막 울어대며 기어이
두 손 벌리고 정권사님 한테로 다시 가네?

오, 김주한!
니가 무얼 안다고…
할아버지를 쏙 빼다 박았는가?
요령도 없이 고지식해서 더 이뿌구나!

다음 수양회에 갈 때는

다음 수양회에 갈 때는
바가지를 가지고 가야겠다고
잔뜩 벼르고 있는 고 집사님!

토옥동계곡 물장구놀이가
무척이나
재밋었나 봅니다그려.

그런데 어쩌죠?
다음엔 함평 국화축제를 보러
통개 잡아가지고 간다니?

보라색 넥타이

7월 장마 비가 오락가락 하던 주일날!
우울해 하고 있는 나를 보고

권사님 한분이 말을 걸어 왔습니다.
'장로님, 보라색 넥타이가 너무 멋있다.' 고…

나는 그 말을 듣는 순간
넥타이에 대한 칭찬보다는

보라색에서 풍기는 이미지가 더 좋아서
나도 모르게 기분이 상쾌해졌으니…

평소 존경하는 권사님이 칭찬해 주셔서
내 기분이 더 좋았는지도 모릅니다.

교회 식당에서

당신은 오늘 점심 후에 내게
커피 한잔을 타주고 나서
찬양예배 때 특송을 잘하라며
내게 격려를 해주었습니다.

의아해하는 내게 주보까지 내놓고
손가락을 집어주시면서
능청을 떨어서 나는 정말
그런 줄만 알고 너무 놀랐는데…

곧 거짓말이 밝혀지고
긴장이 풀린 뒤에 나는
진실 되지 못하다고
당신에게 핀잔을 주기는 했지만…

그래서 대화를 하고
날 외롭지 않게 했으니…
소 닭 보 듯 하는 집사님들 보다는
거짓말쟁이 당신이 내게는 더 좋습니다.

대곡리 계곡에 처음 매미가 우던 날

2010년 8월 5일
장안산과 영취산 치맛자락이 맞닿은
대곡리 2차선 도로엔 아침 여덟시가 되도록
지나가는 차 열대도 안 되는데…

계곡 물소리만 들릴 뿐 새소리마저 끊긴
영취산 자락에서 먼저 적막을 깨고
일곱 시 사십팔 분 쉰 목소리로 어설프게
쒸~ 이 빌빌빌빌 소리가 짤막하게 들리더니…

일시에 그 큰 산들이 수런거리면서
매미들이 각기 제 목소리를 내기 시작하니
산은 스르르르 쒸~이 빌빌빌빌
쒸르빌 후루루루… 매미소리로 그득하다.

경상도 영취산과 전라도 장안산
산 사이로 보이는 비좁은 하늘엔
하얀 구름 매미소리를 타고 평화로이 흐르고,
영취산 빽빽한 소나무 사이로 아침 햇살이 꽂힌다.

전원생활 3

앞산 뻐꾸기 뻑국 뻑국
아침마다 울고
뒷산 소쩍새 밤마다
유난히도 애절하게 울어대더니만…

비도 오지 않았는데
오늘아침 철 울타리
울타리 따라 심어놓은 땅콩이
예쁘게도 얼굴을 내밀었어요!

명아주 바라구가 어우러져
한창 기승을 부리던 땅에
내 땅콩이 새 주인이 된 것 하나만으로도
나는 감사하고 좋아서 주님께 기도했어요.

여직껏도 그랬지만 나 앞으로도
아무리 힘들어도 감사만하고
불평은 하지 않겠으니,
계속해서 내게 일 할 수 있는 근력을 달라고…

메주콩을 심어놓고

트랙터를 불러 메주콩을 심어놓고
다음 날 아침 나는
새보다도 먼저 일어나
서둘러 콩밭에 나갔습니다.

콩은 삼복이 지나야 어우러지니
아직도 땀을 동이로 쏟아야 하지만…
거기서 나오는 건 메주콩 반 가마 남짓,
하루 품삯에 지나지 않으니…

내게는 밭을 묵이는 것이
몇 배나 이문인데도,
내가 손해를 보면서까지도
해마다 굳이 메주콩을 심는 것은,

무공해 장을 위해서도 그렇지만
내가 콩을 심지 않고서는
내 어려서 먹던 콩잎 맛을
어디 가서도 맛볼 수 없기 때문입니다.

마음도 따라왔는가!

2007년 끈질긴 장마로
분재 밭이 물 창기가 들어
몸도 맘도 고되고 힘들어서
매지 않고 그냥 놓아두었더니…

둘째아들며느리가 와서 보고는
안 되었던지 한 두렁 매주고 가더니만…
오늘 호남지방 폭설 소식을 듣고
둘째한테서 분재 안부 전화가 왔네!

아무도 쳐다보지도 않는 내 분재 밭을
자진해서 매주고 간 둘째!
그러잖아도 고맙고 기특한데…
몸이 왔으니 마음도 따라왔는가!

참 좋구나!

밭에 닭장을 지어 들여놓고,
이웃에서 하는 대로
나도 닭을 사다 놓았더니…

뒷집 성범이 어머니도
길 건너 상구 부인도
우리 분재 밭에 닭을 보러 오고…

이웃끼리 오고가고
대화가 터지니
서로 외롭지 않은 데다,

밭도 안 매고
토종닭에 유정란에
밭까지 비옥해지니 참 좋구나!

춤을 추다가

주님이 너무 감사해서
오늘아침 나는 혼자 숨어서
주님께 드리는 춤을 추었습니다.

춤이라기보다는
몸부림이었는데,
아내한테 들키고 말았으니…

'형문이가 할아버지를 닮았다' 며
배꼽을 쥐고 자지러지는 걸 보니
내 춤이 멋은 있었나 봅니다.

몸부림을 쳤어도
주님이 기뻐하시니
내 춤이 멋있어 보인 줄로 믿습니다.

5부 사부곡(思父曲)

논개생가 한옥마을에서

우리 집 차고 앞에서
날마다 보던 달맞이꽃
논개생가 한옥마을에도 피어있네!

그동안 건성으로 널 보며 살았는데…
집에서 보던 널 여기 와서 보니
정말 감회가 새롭구나!

새벽이슬 방울방울
생기 흐르는 꽃잎들!
논개의 정기(精氣)를 받아 그러는가!

꽃잎마다 서로 부둥켜안고
다칠세라 꽃술을 감싸 안았으니…
보기에도 너무 아름답고 좋구나!

사부곡(思父曲) 2

아버지 구렁너머 꽃 무덤으로
그렇게 황급히 떠나시던 날
나는 너무 서럽고 억장이 막혀
동이 동이 눈물을 쏟았답니다.

서울 간 큰아들만 부르시다가
눈도 감지 못하고 가신 아버지!
그해 봄 서울에 불쑥 오셨을 적에
나는 너무 반가워 눈물을 흘렸었지요.

운천리 작은 아들 면회하던 날
효자동 밤길을 함께 걸으시면서
길눈 밝단 칭찬 한번 하시더니만
어찌 그리 총총히 가셨습니까!

내게만 엄하셨던 우리 아버지!
그토록 나를 엄히 키우셨기에
칭찬 한번 처음 받고 눈물이 나서
그날 밤은 한 숨도 못 잤답니다.

장안산 골동품

노랑할미새가 와서 두 개나 둥지를 틀고
다섯 마리 새끼를 쳐 나간 거실에서
약초 독초 가리지 않고
원시인처럼 백초(百草)순 뜯어 비빔밥에
석간수(石間水) 마시면서
관광지 봉사활동을 하며 사는 박태희씨!

그가 혼자서 2년을 걸쳐 지은
열아홉평 대황토통나무집!
순 황토집에 외벽은 통나무로 두르고
내벽은 통대나무에다
지붕은 조릿대를 엮어 덮은 원시인의 집!

양지바른 곳에 따로 황토 굴을 파놓고,
겨울에는 황토 굴에서 월동을 하고 싶다는
현대에 살고 있는 원시인 58세 박태희씨를
나는 그 삶이 부럽기도 하고
사람 됨됨이가 너무 좋아보여서
산림거사(山林居士)라 불러주었네!

오, 산림거사 박태희(朴泰羲)씨여!

왕소금

1957년 대학에 입학을 하고나서
나는 친구를 도와주려고 집 모르게
재당숙에게 맡겨놓은 학비를 몽땅 빼다가
전롱동에 방을 얻어 자취를 시작했는데…

위장병을 앓고 있던 나는
자취를 시작한지 얼마 안가서부터
위가 쓰려서 살 수가 없었습니다.

집에 편지할 수도 없어 나중엔
간장 하나로 밥을 비벼먹었는데…
친구는 밑반찬을 가지러
고향에 가서 끝내 오질 않고,

나는 혼자 3일간 단식도 해보고
별짓을 다해봤지만 위는 더 쓰려만 갔습니다.
그러다가 왜간장마저 떨어져서
왕소금만으로 밥을 비벼먹었더니…

신기하게도 위가 편안하면서
살 것만 같았습니다!
우리 어머니 말씀마따나
소금은 정말 나를 살리신 예수님이었습니다.

무상(無常) 3

용화산 아카시아 꽃이 하도 흐드러져
혼자서 꽃구경을 나왔다가
옛 동갑내기 용구네 집터를 들렀더니…

해묵은 뽕나무는 주인도 없이
다닥다닥 오디를 달고,
지금도 뒤란 아카시나무들은
꿀 향기를 물씬 풍기고 있는데,
마당가 잡초 속에 서있는 먹시만
챙겨주는 이 없어 똘감나무로 변했구나!

불타 없어진 초가삼간 자리는
잡초로 뒤덮여 흔적도 없지만,
마당가 수도 콩크리트바닥이
아직 이끼도 끼지 않은 걸 보면
그리 먼 일도 아닌데…

이집 사람들 다 보이지 않으니…
이집에 얽힌 사연들이 마치
옛날이야기만 같아보여서
인생무상(人生無常)이요,
제행무상(諸行無常)이란 말이 실감이 가는구나!

박새를 보면서

이른 아침 바지랑대 꼭대기에
어디선가 박새 한 마리 날아와

연신 젖은 몸을 털어대며
앉아있는 모습이 평화롭게만 보인다.

나도 저 박새처럼 저렇게
저렇게 살고만 싶은데…

그런데 나는 지금당장
나가볼 일이 생겨 걱정이구나!

사라지는 독새기

아직 시월 중순(2008년)
무서리도 채 내리지 않았는데…
배추밭머리에선 벌써
냉이가 파릇이 얼굴을 내밀고,

앞밭에 난 독새기 한 포기도
제법 실팍하게 새 뿌리를
하얗게 내리고 있습니다.

우리 어머니는 독새기 뿌리에
기름이 한 수저씩이나 들어있어
기묘년(1939) 대흉년엔
독새기를 뜯어다 먹고들 살았다는데…

그다지도 지천이던 독새기가
갑작스레 보기가 힘드니
어찌된 일인지 내 알 수가 없습니다.

부부싸움

우리 부부는 싸울 일이 없다.
젊어서는 아내가 내 앞에서
꼼짝도 못했으니 그렇고,

이젠 내가 아낼 이겨먹을 수가 없으니…
오리 먹자면 '옛날 끝집' 가면 되지
무슨 싸우고 말 일이 있겠는가!

국가 간에는 세력균형이 이뤄지면
전쟁을 막을 수 있어
서로 평화가 보장되지만,

부부간에는 그 반대니…
하나가 달싹도 못하고 순종하는데
싸움이 돼야 말이지!

무밥을 먹으며

어제는 아들네 식구가 와서 오랜만에
무밥을 해서 양념장에 비벼먹었는데…

더 먹으라 해도 배가 부르다며
그만 먹겠다던 꼬마 손자 형문이가

할아버지가 밥 남기는 걸 보고는
밥을 더 먹겠다기에 새 밥을 주었지만…

할아버지가 남긴 밥만 달라고 떼를 쓰니…
나 그런 손자 있어 참 행복합니다.

꾀꼬리 한 쌍을 보면서

오늘 산막제 옹달샘에 갔다가
물 먹으러 온 꾀꼬리 한 쌍을 보는 순간
내 어릴 적 고향 집 사랑채
측백나무 생 울타리가 보였네!

정답던 열 한 식구 모습도
차례차례로 다 보였네!
철울타리밭 옆 맹구네 집에서
처녀들 시시덕거리던 소리도 들리고,

저녁이면 밤마다 이슥하도록
샘 거리 정자나무 밑에 나와서
이야기꽃을 피우던 동네 어른들도,
우물가 아낙들도 다 보였네!

사냥에서 돌아온 유리왕은
꾀꼬리 한 쌍을 보면서
한나라로 달아난 후실(後室)
치희를 그리며 「황조가」를 읊었다는데…

설야경(雪夜景)

시계는 자정을 가리키는데
오늘 밤은 잠이 오지 않아
뒤척이다가 거실에 나가보니,

하늘도 창밖도 희멀거니
섣달 보름 둥근 달은
어디로 숨었는지 보이지 않는데,

앞밭건너 문화마을
가로등마다 조용히 함박눈만
부나비마냥 어지러이 날아들고,

울안 분재목마다 눈꽃이 피어
내 어린 시절 목화밭에서 보던
가을 풍경 바로 그것이었으니…

어른들 따라 말랭이 밭에 가서
다래를 따먹으며 목화 따던
어린 시절이 생각나서 좋았네!

할머니 이장(移葬)을 하고나서

벼눌이 삼천이라도
유주지* 하나가 제일이라며
유난히도 큰 손자만을 물고 떠셨던
강 봉(姜鳳) 우리할머니!

열여섯에 할아버지에게 시집오셔서
할머니 외에는 여자를 모르셨던
할아버지와 61년을 해로 하시다가,

할아버지 가신 4년 뒤
아흔 살에 돌아가시어
32년 만에 두 분 합방을 하셨으니…

내가 살아생전 해야 할
큰일을 한 것만 같아
마음이 너무 흐뭇하고 기쁩니다.

*유주지 : 벼눌에 비가 스며들지 않도록 마무리하는
우지뱅이를 전라도에서는 유주지라고 했다.

내가 당한 한국전쟁 2

그때는 가진 것이 원수였습니다.
농사를 지으며 악의악식(惡衣惡食)
세상 성실하게만 살아서
끼니걱정이라도 않고 살면
아무 죄도 없이 죽어지내야만 하고,

큰 집이 덫이 되고
땅이 올무가 되어 죽어야했으니…
올벼 이천 평 풋바심해서
한 톨 맛도 못보고 홀태 밑에서
흰대기까지 바숴서 고스란히 나누어 주고도
아버지는 논두렁에서 잤습니다.

초근목피로 연명하던 시절
우리는 금융조합 빚더미에 앉아
나물밥 시래기죽을 먹으면서도
연년새새 양 명절마다
기민을 주고서도 떨며 살았습니다.

아, 이웃이 가장 무서웠던 동족상잔!
한반도 곳곳마다 죽창이 판을 치고
공포와 피로 범벅이가 되었으니…,
60년이 지난 지금까지도 나는
그때의 악몽에 시달리곤 한답니다.

억새꽃 (고석원 제 12시집)

지은이 / 고 석 원

2010. 9. 30. 초판 인쇄
2010. 10. 13. 초판 발행

펴낸곳 / 도서출판 엠-애드
펴낸이 / 이 승 한
서울시 중구 필동3가 10-1
전화 / 02) 2278-8063/4
팩스 / 02) 2275-8064
E-mail / madd1@hanmail.net
등록번호 / 제2-2554

마케터 / 이종학
디자이너 / 임선실
전산팀 / 임민영

정가: 6,000원

ISBN 978-89-88277-99-7